RELATION

DE
TOVT CE QVI

S'EST PASSE' SVR LE
fait & expedition de
la Valteline.

Traduicte du Latin du sieur de
S. M. par L. G. A.

A PARIS,

Chez { IACQVES VILLERY.
Et
ANTHOINE DE SOMMAVILLE. } au Palais.

M. DC. XXVI.

Auec Priuilege du Roy.

CEste relation a esté faite en Latin par
Monsieur de saincte Marthe l'aisné, pour
faire cognoistre aux estrangers la iustice des armes du Roy, & le subiect que sa Majesté a eu de
defendre les Grisons ses alliez contre les entre-
prises de l'Espagnol, & ie l'ay traduitte en nostre
langue, afin que les François aprennent que le
Roy ne pouuoit leur denier son secours sans faire
tort à sa reputation, & qu'il n'a pris les armes que pour maintenir en liberté des peuples
qui se sont mis en sa protection : Vn moindre es-
prit que celuy de monsieur de saincte Marthe
eust esté trop foible pour entreprendre vn ouura-
ge si important, Et le Roy par le choix qu'il a
fait de sa plume a tesmoigné qu'il cognoist par-
faictement le merite des hommes, ie m'esten-
drois plus au long sur ce discours, si ie ne sça-
uois que la lecture, de ceste piece de sa façon que
ie vous donne en François, releuera plus hautement la gloire de son nom que toutes mes paroles.

RELATION DE TOUT

ce qui s'est passé sur le faict de la
Valteline.

Es armes du tres-puissant
& invincible Roy Louys
le iuste estoient destinées
par la providence eternel-
les, pour porter par tout le monde
les marques d'vne vertu signalée
& d'esclat d'vne gloire infinie; &
pour emplir d'estonnement les esprits de tous les hommes, & ne croi-
on pas assez qu'elles eussent sur-
monté les difficultez de si l'Ocean &
passé les Pyrenées, le Rhin & les Al-

pes, si elles ne penetroient encores
iusques aux plus creuses vallées &
aux plus cachés recoins de la Valtelline: car comme le Soleil dont la
lumiere est espanduë par tout porte
l'esclat de ses rayons dans les entrail-
les de la terre & nous fait voir des
merueilles en la production de l'or,
de l'argent & des autres metaux, ainsi les armes d'vn si grand Prince, la
reputation desquelles n'a point
d'autres bornes que celles de la terre & de la mer, remplissent tout de
leur esclat & de leur puissance, & en
tous les lieux ou le Soleil esclaire,
desploient des forces admirables
pour le secours de ses alliez, & pour
rendre la liberté à ceux qui sont
opprimez sous le ioug d'vne hon-
teuse seruitude, la Valtelline fournit
vn memorable exemple de ceste ve-
rité: detre conte, qui n'est pas vne

A

des plus petites parties de la haute
Rhetie,& qui est sous la domination
des Grisons Confine d'vne part,auec
l'Estat de Venise & le Duché de Milan, & de l'autre auec le Comté de
Tirol & les Suisses & de tous costez
est enuironnée des Alpes, dont le
panchant est planté de vignes & le
sommet, qui touche les nuës, est
toustiours couuert de neiges, elle s'a
aussi la commodité du fleuue d'Ad-
de dont les eaux douces & paisibles
arrosent son terrouen & le rendent
fertile en vins & en bleds, dans la
haute Rhetie qui est le pays des Cri-
sons, les villes, bourgs & commu-
nautez sont diuisées en trois ligues,
l'vne desquelles se nóme la ligue des
Preuostez ou iurisdictions, l'autre
la ligue Grize, & la troisiesme la ligue de Cade, mais outre ces trois
ligues les Grisons sont encores Sei-

gneurs de la Valteline & du Comté
des Chiauene & de Bormio , qui
font des terres limitrophes de la Valteline, lefquelles notoirement font
fubiectes aux trois ligues , il y a cent
ans que les Grifons anciens alliez
de la Couronne de France furent
pris en protection à leur inftante
priere par le Roy François premier,
tant pour luy que fes fucceffeurs , &
depuis ils ont toufiours efté main-
tenus en liberté & garétis des outra-
ges de leurs ennemis, Or la fituation
de la haute Rhetie eft fi aduantageu-
fe pour abreger le chemin d'Italie en
Allemagne, que plufieurs Princes &
Republiques ont defiré l'auoir en
leur difpofition : mais la Valteline
eft commode pour le paffage plus
qu'aucune autre partie de la Rhetie,
C'eft pourquoy au traité de l'alliance que le mefme Roy François pre-

ligue auec les Grisons pour dix ans
le Comte de Fuentes gouuerneur des
Milanois pour le Roy d'Espagne à
pris de la subiect de se plaindre &
s'est serui de ce pretexte pour bastir
vn fort sur les frontieres de la Rhetie
& de la Valteline, en vn lieu haut &
aduantageux, afin de faire trembler
les voisins & de donner de l'appre-
hension aux habitans des pays Limitrophes, cet homme qui pour suiure
les mouuemens de son ambition ne
fait point de difficulté de troubler le
repos public, & dõt toutes les actions
ont tousiours eu plus de temerité que
de valeur plus de perfidie que d'hu-
manité plus de tyrannie que de iustice, & plus de tromperie que de vertu
ayant trouué l'occasion de nuire à ses
voisins à abandonné son honneur
pour entreprendre sur eux contre la
loy publicque, estimant qu'il ne faut

B

iamais negliger de faire son profit &
de prendre son aduantage, & que l'on
treuue tousiours assez de raisons pour
defendre vne vsurpation, les Suisses &
les Venitiens sont offensez de cette
entreprise faite par le Comte de Fuentes, mesmes les Suisses ont supplié le
Roy Henry le Grand par leurs Ambassadeurs d'interposer son authorité
pour faire abattre ce fort, ce qui eust
esté fait des ce temps là, si la mort fu-
neste de ce grand Prince n'eust point
changé l'estat des affaires, car comme pendant sa vie il estoit recogneu
arbitre de la Chrestienté pour auoir
estably la paix vniuerselle par la force
de son iugement, & par la grandeur
de sa reputation sa mort a fait naistre
des mouuemens & des diuisions par
toute la terre, mais le Roy Louys le
Iuste n'a pas si tost pris en main le
gouuernement de son Estat, que le

consentement de tous les peuples luy
a donné le titre que Henry le Grand
son pere luy auoit laissé en mourant,
aussi faut-il aduoüer que son merite
luy a iustement acquis la qualité d'arbitre de toute la chrestienté, car auec
le secours de la bonne fortune qui l'a
tousiours fauorisé & de la vertu qui a
presidé en tous ses conseils , il a prudemment euité les pieges que ses ennemis luy dressoient, il a puissamment
arresté leurs efforts , & rendant à ses
alliez tous les bons offices qu'ils deuoient attendre de luy, il les a secouru
lors qu'il les a veu en danger, & a em-
pesché qu'ils n'ayent receu aucune in-
iure, & comme le cœur qui est la plus
noble partie du corps humain n'a aucun repos, mais distribuant les esprits
vitaux auec vne agitation perpetuelle
anime tous les membres & leur donne le mouuement, ainsi le tres-puis-

fant & inuincible Roy Louys le Iufte,
ne ceffe iamais d'ouurir fes trefors &
d'employer fes forces pour maintenir la paix publique, & faire fentir à
fes alliez les effects de fa protection.
Or le Roy Henry le Grand nous
ayant efté rrop toft rauy, le Comte de
Fuentes à l'exemple des finges, à qui
la mort du Lion donne de l'audace, a
entrepris de faire vne ligue auec les
Grifons non pas à deffein de l'entretenir de bonne foy, mais pour en vfer
à la façon que le Loup fe fert de la
paix qu'il fait auec la brebis, c'eft à dire pour les opprimer & les reduire
par leur imprudence à fouffrir le joug
de la feruitude Efpagnole, car ayant
promis de rompre le fort qu'il auoit
fait baftir pour efteindre toutes fortes
de deffiances fur la pourfuitte qu'en
faifoit le Roy Louys le Iufte fans l'authorité duquel les Grifons ne pou-

uoient entrer en aucun traicté, depuis il n'a pas voulu tenir la parolle & execu-ter sa promesse, au contraire il a desbauché, suborné & corrompu les esprits des peuples à force d'argent, c'est pourquoy les Grisons ont en-uoié leurs Ambassadeurs deuers le Roy tres Chrestien pour supplier sa Maje-sté de jetter les yeux sur les miseres de ses alliez, & de donner la main aux ha-bitans de la Valteline, lesquels sans sa protection estoient à la veille de re-ceuoir le ioug d'vne domination estrangere, le Roy Louys le Iuste estant touché de leurs plaintes, & voulant tesmoigner l'affection qu'il auoit pour eux escriuit à son Ambas-fadeur ordinaire qu'il eust à prendre le soin de cest affaire & a y donner or-dre en toute diligence, ce qu'il a exe-cuté auec tant de prudence & d'a-dresse que l'on a veu punir capitale-

ment ceux qui eſtoient de faction
d'Eſpagne, Or le Roy tres. Chreſtien
conſiderant que la ligue des Venitiens & des Griſons donnoit de la ja-
louſie à toute l'Europe, que les Eſpagnols à l'exemple des Venitiens vou-
loient auſſi s'allier auec eux, & que
pour conſeruer ſa dignité, il eſtoit
obligé de faire en ſorte que les Griſons les anciens alliez ne fiſſent point
de ligue auec d'autres Princes, il a em-
peſché les Venitiens de renouueller
celle qu'ils auoient faite apres que ſon
temps a eſté expiré, & depuis les trois
ligues de la haute Rhetie ont touſiours iouy d'vne tres-heureuſe tranquilité ſous la protection de la Couronne de France, & comme le calme
de la Mer ne ſe trouble iamais ſi elle
n'eſt agitee par les orages & par les
vents, ainſi cette contrée recueilloit
les fruicts d'vne profonde paix, lors

que les Eſpagnols par leurs ſecrettes
prattiques y ont allumé la flamme des
diuiſions ciuiles leſquelles ils ont depuis entretenuë par des conſpirations
ouuertes ou pluſtoſt par des tempeſtes
pleines de violence qui ont penſé opprimer ſa liberté, dequoy ils ont
treuué l'occaſion ſur le ſujet de la
guerre des Venitiens & des Vſcoqs,
car le Roy d'Eſpagne & Leopold Archiduc d'Auſtriche ayant pris la protection des Vſcoqs, ils ſont entrez
d'vn coſté dans la Valteline & les Venitiens de l'autre, & à force d'argent
y ont ſuſcité des troubles & formé des
factions, leſquelles ont produit les ſe-
ditions, les mouuemens & les rebel-
lions, qui ayant fait prendre neuf diuerſes fois les armes ont cauſé la perte
de la pluſpart des habitans diuiſez en
deux partys qui eſtoient ſouſtenus
d'armes & d'argent par l'Eſpagnol &

l'Archiduc d'Auſtriche d'vne part , & par les Venitiens de l'autre , ainſi la Valteline eſtoit vn theatre ſur lequel les hommes ioüoient vne eſtrange tragedie, & comme l'on voit ordinai-rement que pendant vn temps plein de confuſion on ſe deffie de tout , & meſmes que la foy des amys & des voiſins eſt ſuſpecte, les Valtelins re-doutoient eſgalement les richeſſes, la haine & la domination de l'Eſpagnol & de l'Archiduc d'Auſtriche & des Venitiens , eſtimans que de tous co-ſtez il y auoit du danger , & que l'am-bition & la conuoitiſe de regner aueuglent les eſprits iuſques à ce poinct qu'ils leur font oublier tous les reſpects de l'amitié, mais à la fin le Roy tres-Chreſtien voyant qu'ils eſtoient preſts de fleſchir & de ſe ren-dre à l'effort que les Eſpagnols & les Venitiens faiſoient ſur eux , il s'eſt

entremis

entremis de les accommoder & a
esteint toutes leurs desfiances en reu-
nissant deux familles nommées, les
salies & les plantines qui par leurs
querelles ont plus causé de mal en la
Valteline que les Fregoses & les Ador-
nes n'ont iamais fait à Gennes, les
Guelphes & Gibellins en Italie, & re-
leuant les affaires de cette Prouince
dont il est le protecteur qui estoient
comme desesperées a fait assembler les
Estats que l'on nomme dans le pays,
le pittac, ou pour reprendre l'vsage an-
cien de la liberté toutes alliances &
mesmes toute communication de
commerce & de traffic a esté defen-
duë auec les Espagnols & les Venitiens, neantmoins depuis ils ont fait
naistre d'autres sujets de diuisions &
les Espagnols se mettant du party des
factieux, & les Venitiens prenans
la defense de quelques autres diuerses

assemblees ont esté faites, pendant lesquelles l'on a veu commettre vn nombre infiny de crimes horribles & execrables dont le cours a esté prudemment arresté par les Ambassadeurs du Roy Louis le Iuste, toutesfois ils n'ont sceu si bien taire que les Espagnols n'ayent pris le dessus, pendant que la France estoit affligee de guerres ciuiles, car alors ils sont entrez dans la Valteline & par les prattiques du gouuerneur de Milan, ils ont disposé de les Valtelins à vne rebellion ouuerte leur fournissant armes & argent pour se defendre contre les Grisons, leurs Seigneurs, & ce saisissant à main-forte de ceste Prouince, ils se sont deffaits par trahison de ses principaux habitans & y ont basty plusieurs forteresses ausquelles ils ont mis des garnisons, il a esté bien facile aux Espagnols de se rendre maistres d'vn

pays qui eſtoit deſpourueu de force &
deſecours, & ils ont l'obligation de
ceſte conqueſte, plutoſt à la bonne
fortune qui les a aſſiſtez qu'à leur valeur, car ils n'euſſent pas fait cette entrepriſe ſi les François n'euſſent point
eſté empeſchez chez eux, parce que
leur couſtume eſt de ne dire mot lors
que leur voiſins ont la paix, & de
monſtrer de l'audace & de la temerité quand ils voyent qu'ils ont des affaires domeſtiques, Or les Eſpagnols
pour eſtablir leur vſurpation ont
trouué moyen de diuiſer les trois ligues, & de ſeparer la ligue griſe des
deux autres, & deſlors ont commen-
cé à traitter imperieuſement les peuples & à teſmoigner leur orgueil &
leur arrogance de fait & de parolles,
tant en la Rhetie qu'en la Valteline,
cependant tous les Roys & Princes
de l'Europe touchez de ceſte inuaſion

se plaignent de l'Espagnol comme d'vn vsurpateur, l'Espagnol dit pour s'excuser qu'il a pris la protection des Valtelins pour les maintenir en l'exercice de la religion Catholique dont il pretend que les protestans procurent la ruine, & promet de restablir toutes choses en leur premier estat dans peu de temps, mais le Roy Louys le Iuste estant iustement esmeu des prieres de tant de Princes & de peuples n'a peu moins faire que de se ioindre à eux en cette occasion qui le regardoit plus que personne; c'est pourquoy il s'est employé pour remettre en liberté cette Prouince, qui plioit sous le ioug de la tyrannie Espagnolle, employ digne de sa Majesté, parce que la meilleure action que puisse faire vn Prince est de soulager les affligez, & il n'y a pas tant de gloire d'auoir sceu mener tousiours vn mesme train de vie, &

de s'eftre maintenu en vne perpetuelle profperité que de n'auoir pas
abandonné fes amis en leur mauuaife fortune, & l'on ne fait pas tant d'e-
ftat de ceux qui ont fuiuy le vent de la
faueur & qui fe font attachez d'affection auec les grands que de ceux qui
ont donné la main aux miferables,
ainfi le Roy Tres-Chreftien enuoye
en Efpagne Monfieur de Baffompierre Marefchal de France, qui faifant
paroiftre l'excellence de fon efprit en
cette negotiation oblige l'Efpagnol
de promettre pour la feconde fois la
reftitution de la Valteline, mais en
mefme temps arriua la mort de Phi-
plippes troifiefme Roy d'Efpagne laquelle differa l'execution de cefte parolle, cependant la Rhetie & la Valteline voyent refpandre en diuers combats le fang de leurs Citoyens qui de-
uenus fages à leurs defpens reuniffent

la ligue grife auec les deux autres ligues & renoncent à la faction Efpagnole comme les affaires eftoient en
ceft Eftat, Monfieur le Marefchal de
Baffompierre trouue moyen de les
accommoder, & par le traitté qu'il
fait en la ville de Madrit au nom du
Roy Louis le Iufte auec le Roy d'Efpagne, il eft accordé que la Valteline
fera renduë aux Grifons à la caution
des ligues Catholiques des Suiffes
qu'aucun autre Prince que le Roy
Tres Chreftien ne pourra auoir paffage par la Valteline, & qu'en cette
Prouince il y aura exercice de la Religion Catholique & Romaine en toute liberté, Mais les Suiffes Catholiques gaignez & deceuz par les Efpagnols negligent de ratiffier ce traitté
& d'autre part les Efpagnols refufent
de fortir de la Valteline, les Grifons
fe plaignent de ce manquement de

foy & s'efforcent de remettre les rebelles Valtelins en leur deuoir, le gouuernement de Milan vient au deuant
d'eux, & se saisit du Comté de Chiauene de Polchiane de bergalle & de
tous les autres passages des Grisons en
Italie & establist par tout des garnisons, & en mesme temps Leopold
Archiduc d'Austriche se rend maistre
par force de la ligue des Preuostez
comme il estoit conuenu entre les Espagnols & luy, & pour auoir vn pretexte se couure du traitté de Lindaue
qui auoit esté extorqué des Grisons
auec violence, cependant la France
estoit affligee de guerres ciuiles, & le
Roy Louis le Iuste desirant appaiser
les mouuemens de son Estat pour
donner ordre aux affaires estrangeres,
accorde la paix à ses subiets rebelles, &
estant sur le poinct de retourner à Paris donne iusques à Auignon ou il est

receu auec vne ioye incroyable & vn
infiny applaudiſſement du peuple , là
ſe treuuent le Sereniſſime Duc de Sauoye & les Ambaſſadeurs des Venitiens & des Griſons qui ioignans leurs
vœux enſemble coniurent ſa Majeſté
d'imiter les belles actions de ſes prede-
ceſſeurs, dont la memoire durera autant que le monde pour auoir touſiours trauaillé à conſeruer la paix publicque & le repos de leurs voiſins, ils
luy mettent deuant les yeux le miſerable Eſtat auquel les affaires ſont reduittes en la Rhetie & en la Valteline
& luy repreſentent qu'il n'y a que ſon
authorité qui puiſſe les reſtablir , que
la dignité de ſon nom peut faire ceſ-
ſer tout ces deſordres, & que Dieu fa-
uoriſera vn ſi loüable deſſein & don-
nera vn heureux ſuccez aux vœux de
tant de peuples , ainſi la ligue ſe con-
clud entre le Roy tres-Chreſtien &

eux

eux pour contraindre l'Eſpagnol d'e-
xecuter le traitté de Madrit, mais le
Roy d'Eſpagne craignant d'eſtre for-
cé de rendre honteuſement la Valteline , la met entre les mains du Pape
auec les forts qu'il y auoit fait baſtir,
ſurquoy ſe font diuers traittez auec le
Marquis de Mirabel, que les Eſpagnols ont depuis deſaduoüé, le Pape
teſmoigne auoir vne grande inclina-
tion à procurer la paix entre les Princes Chreſtiens; & ſupplie le Roy tres-
Chreſtien de conſentir au depoſt fait
entre ſes mains par les Eſpagnols, ſa
Majeſté agreé le depoſt contre le deſſein du Roy d'Eſpagne, qui apres l'a-
uoir propoſé ne l'a receu qu'à regret,
& trouué bon de ſousbmettre tout le
different au iugement de ſa Saincteté à ces conditions que les forts baſtis
par les Eſpagnols ſeront abbatus dans
trois mois, que dans le meſme temps

D

fa Sainƈteté fera obligee de pronon-
cer que les trois ligues des Grifons fe-
ront reunies en vne & retourneront
en leur premier eftat, & que par toute
la Valteline les Catholiques auront
l'exercice de leur Réligion en toute
feureté. Et mefme il eft ftipulé que le
Roy tres Chreftien & fes alliez auront
la liberté de faire tout ce qui fera ne-
ceffaire pour paruenir à l'execution de
ces conditions dont il refulte nette-
ment , que le depoft fait entre les
mains du Pape ne deuoit durer que
trois mois , & que ce temps paffé le
Roy tres-Chreftien à eu la faculté
d'employer fes armes pour reprendre
la Valteline & pour ruiner les forts
qui auoient efté nouuellement baftis,
Or le Roy Louis le Iufte à confenty
d'autant plus volontiers à ce que les
places de la Valteline fuffent depofees
entre les mains du Pape, qu'il a eftimé

que c'eſtoit le moyen pour eſtablir vne bonne paix, car comme il reco-gnoiſt que l'eſprit de ſa Saincteté eſt doüé de tres-eminentes qualitez, & que ſes actions font tous les iours voir des effects d'vne parfaite iuſtice, pieté, innocence & integrité, il a creu qu'il ne ſe pouuoit trouuer perſonne qui fuſt plus propre pour entretenir la paix entre les Princes Chreſtiens, & qui peuſt reſtablir plus heureuſement & auec plus d'egalité la tranquilité publicque, c'eſt pourquoy par com-mandement expres toutes les villes, fortereſſes & Chaſteaux de la Valte-line ont eſté mis en depoſt entre les mains du Pape auec pouuoir d'y met-tre des gens de guerre & des capitai-nes Italiens en garniſon ſous la pro-meſſe que la Saincteté a fait de rendre la Valteline aux Griſons, lors que les Suiſſes Catholiques auroient receu &

agreé le traitté de Madrit, & le Pape
a donné le gouuernement de toutes
ces places au Marquis de Bagný de la
maison des Colomnes qui est la Pre-
miere de celles qui sont de faction d'E-
spagne en Italie, lequel estant allé en
Espagne peu auparauant y auoit esté
receu par sa Majesté Catholique auec
toute sorte d'honneur, cependant on
trauaille à Rome pour trouuer les
moyens d'accommoder l'affaire de la
Valteline, le Pape propose des arti-
cles qui plaisent aux François & des-
plaisent aux Espagnols, l'Ambassa-
deur qui residoit lors pour le Roy
d'Espagne auprès de sa Saincteté en
presente d'autres qui contenoient des
conditions si preiudiciables à la Couronne de France, que sur la proposition qui en fut faite au conseil de sa
Majesté tenu à Compiegne où il y
auoit bon nombre de Princes & des

principaux miniſtres de ſon Eſtat , elles furent rejettées , en meſme temps
monſieur de Bethune eſt enuoyé
Ambaſſadeur à Rome homme pru-
dent & aduiſé & qui a conioinct l'ex-
perience auec la valeur, il ſomme le
Pape de reſtituer la Valteline, & de
faire en ſorte qu'il n'y ait point d'exercice d'autre religion que de la Catholique en cette Prouince , & s'il ne le
veut faire il proteſte que le Roy la re-
prendra auec la force, mais le Pape
poſſedé par les Eſpagnols refuſe de ſa-
tisfaire aux deſirs de ſa Majeſté , encores qu'ils fuſſent pleins de Iuſtice , cependant le Roy voyant que l'Eſpagnol apres auoir allumé le feu des diuiſions ciuiles dans la Valteline auec
tant de fineſſe recherchoit des lon-
gueurs, lors qu'il eſtoit queſtion de la
reſtitution des places qu'il auoit iniuſtement occupé, & que d'autrepart

l'Archiduc d'Auſtriche faiſoit tous les iours de nouuelles vſurpations, tant de fortereſſes que de Seigneuries entieres, & que l'vn & l'autre auec d'eſtranges artifices empeſchoient les Suiſſes Catholiques de ratifier le traitté de Madrit, pour auoir touſjours la liberté d'entreprendre, & à fin de tenir par le moyen de la force ou de la fraude en vne tyrannie perpetuelle & ſous vne honteuſe ſeruitude la Valteline, la Rhetie, la Suiſſe & l'Allemagne, il preſte l'oreille aux prieres des Griſons & des Valtelins, & de l'aduis des principaux Miniſtres de ſon Eſtat, & principalement de Meſſire Eſtienne d'Aligre lors garde des Sceaux, & maintenant Chancelier de France, il reſout de leur donner ſecours: C'eſt pourquoy il enuoye en Ambaſſade extraordinaire deuers les Suiſſes & les Griſons,

Monſieur le Marquis de Cœuure, Seigneur qui n'a pas moins de prudence pour le Conſeil que de courage pour l'execution, pour diſpoſer les eſprits des Suiſſes Catholiques à ratifier le traitté de Madrit, mais il treuue que les Eſpagnols parlent haut & diſent ouuertement que ſi ce traitté eſt obſerué il n'y a aucune ſeureté pour la religion Catholique en la Valteline, & que n'ayant point eſté ratifié il ne peut obliger les ligues, neantmoins monſieur le Marquis de Cœuure traitte ceſte affaire auec tant de prudence qu'il tire ceſte ratification ou confirmation des Suiſſes Catholiques aſſemblez à ſoleure de leur bonne volonté, auec l'exercice de la ſeule religion Catholique en la Valteline & aux Comtez de Bormio & de Chiauene qui ſont de la domination des Griſons, ainſi le traicté de Madrit eſtant receu & approuué, on l'enuoye à Rome à ſa Saincteté. Et comme il n'y auoit plus d'obſtacle qui en peuſt differer l'execution on attend de iour à autre la reſtitution de la Valteline: l'Ambaſſadeur du Roy tres-chreſtien faict office aupres du Pape ſur ce ſubject, & proteſte hautement que ſon Maiſtre protegera ſes alliez ſi ſa Saincteté n'y met promptement la main: Mais les Eſpagnols recherchent encores des longueurs pendant que l'Archiduc d'Auſtriche préd par force toutes les places qui ne peuuent luy reſiſter, & taſche de reduire les Valtelins en l'eſtat d'vne miſerable ſeruitude. Peu de temps apres les Eſpagnols ſe jettent dans la Valteline auec trois mil hommes de guerre ſoubs la charge du Comte de Serbellonne, ce qui faict ſoubsleuer les Griſons & Valcelins, leſquels ſoubs

la con-

la conduitte de l'vn des principaux
d'entr'eux nommé Salie, se saisissent
des places & des passages du mont
de Steche & des autres lieux plus proches de l'Archiduc, craignant que s'il
passoit plus auant il n'asseruist entierement la Valteline, en mesme temps
les Grisons supplient Monsieur le
Marquis de Cœuure de les assister
au recouurement de leur antienne
liberté & de prendre leur protection, luy remonstrant que leurs ennemis par leur procedé offensoient
le nom & la dignité du Roy, & ils
auoient bien raison de faire cette
plainte, car les Espagnols se moc-
quoient du traitté de Madrit, les forteresses qui auoient esté prises ne se
rendoient point, & d'auantage on
mettoit tout à feu & à sang dans la
Valteline, Monsieur le Marquis de
Cœuure pressé par toutes ces consi-

E

derations, entre dans la Valteline
pour soulager les pauures habitans
de ceste Prouince affligee, au contraire les Valtelins se declarent ses
ennemis, & se mettant du costé des
Espagnols attaquent celuy qui vient
à leurs secours, cela l'oblige de ioindre sa valeur aux aduantages que la
fortune luy presente, il assemble
vne armée qui est petite mais pleine
de courage, la franchise auec laquelle il parle resiouyt les soldats & leur
fait prendre de la resolution, il donne des loüanges aux bonnes actions
& promet des recompenses à la vertu, & contre l'attente de tout le monde, faisant marcher ses trouppes en
la plus rude saison de l'année, il les
fait entrer dans le pays ennemy, &
arbore les enseignes françoises au
milieu des Alpes, & à la façon d'vn
foudre ou d'vn orage qui renuerse,

ruine, bruſle & conſomme tout ce
qu'il rencontre, il ſe ſaiſit de cette
Prouince, donne de la terreur à ſes
ennemis, & victorieux par tout
rompt & met en fuitte tout ce qui
luy veut reſiſter, & finalement reduit
la Valteline ſous la puiſſance du Roy
tres-Chreſtien, apres en auoir chaſſé
les trouppes & les garniſons Eſpa-
gnoles, conqueſte d'autant plus glorieuſe qu'elle a eſté faite ſans perte de
beaucoup de ſang & auec vn trauail
infiny, vne prudence incroyable, vn
courage merueilleux & vne addreſſe
admirable, à ſçauoir bien prendre le
temps & l'occaſion, mais auant toutes choſes Monſieur le Marquis
de Cœuures conuient auec la ligue
des Preuoſtez que rompant l'alliance qu'elle a contractée auec l'Archiduc d'Auſtriche, elle ſe reünira auec
la ligue griſe & la ligue de Cade, ain-

si les trois ligues se rejoignent ensemble, & la Seigneurie reprenant
son premier Estat, il est accordé en
l'assemblée tenuë à Coire, que l'alliá-
ce que les trois ligues ont auec la
Couronne de France demeurera en
sa force, que les Grisons remettront
aux habitans de la Valteline & des
Comtez de Bormio & de Chiauene,
la peine que merite leur rebellion &
ce qui est le plus important, qu'en ce
pays il n'y aura point d'exercice d'autre Religion que de la Catholique,
Apostolique & Romaine, cela estant
fait Monsieur le Marquis de Cœuure se met en chemin surmonte les
incommoditez des neiges & de la
glace, & au milieu de l'hiuer passé les
hautes montagnes de Sethe, d'Albi-
ran & de Bernin. C'est vn second
Hannibal, qui sous les enseignes du
tres-Chrestien Louis le Iuste trauer-

ſe les Alpes, mais par vn plus mauuais
temps que le premier, l'antiquité
parle d'Hercule qui commença à
trouuer chemin dans les Alpes, & qui
ſe fiſt vn paſſage par des montagnes
& des lieux auparauant inacceſſibles,
elle raconte auſſi des merueilles
de Hannibal qui monta le premier
iuſques au ſommet des Alpes & y fit
paſſer vne groſſe armee dont il eſtoit
le chef : Mais le Roy Louis le Iuſte
ſecond Alcide François, ouurant de
nouueau le chemin des Alpes, acquiert
vne reputation qui ne mourra iamais,
& Monſieur le Marquis de Cœuures
comme vn nouueau Hannibal rendant le paſſage de ces montaignes facile par le puiſſant effort que font les
trouppes qu'il commande, & par le
bon-heur qui acompagne touſiours
les armes de l'inuincible Roy Louis
le Iuſte deliure la Valteline, vne bon-

ne partie de l'Italie, l'Allemagne & la
Suiſſe de la tyrannie des eſtrangers.
Pour ceſt effect il couppe chemin par
les montaignes & par des lieux enui-
ronnez de precipices, & en toute diligence ſurprend Poſchiane malgré les
empeſchemés de l'ennemy qui le void
pluſtoſt aupres de luy qu'il ne ſçáit
qu'il eſt party. Ceſte priſe eſt ſuiuie de
la reduction de Bormio, qui apres luy
auoir enuoyé ſes deputez ſe met en
l'obeiſſance du Roy, & par meſme
moyen demáde ſon aſſiſtáce & ſa protection, laquelle luy eſt accordee auec
le ſeul exercice de la Religion Catholique. Alors le Marquis de Bagny
Lieutenant pour le Pape en la Valteline ſe monſtre à deſcouuert partiſan
d'Eſpagne & en haine des François,
faict prédre en la ville de Tirano tous
les habitans qui les fauoriſoient, dequoy Móſieur le Marquis de Cœuures

ayant euzachûis, il s'aduance aussi tost
vers Tirano & met le siege deuant.
Les ennemis qui gardoient les forteresses n'ayans osé se presenter pour re-
pousser le premier effort, & se deffon-
dre des approches des François. La ville veut Capituler : mais par son mal-
heur elle en est empeschee par le Marquis de Bagny : Car apres quelques
combats plains d'ardeur & de furie
rendus de part & d'autre, les François
passans courageusement par la rigueur
de l'hyuer au milieu des eaux qui
nboyoient leur camp, ils se rendent en-
fin malgré tout maistres de la ville &
neantmoins par vn traict de courtoisie
propre aux François, Monsieur le
Marquis de Coeures deffend de la
piller & de faire aucun tort aux habitans. Le chasteau se rend peu de téps
apres auec des conditions honora-
bles que les François accordent à la

confideration du Pape, & en tous ces
lieux l'exercice de la Religion Catholique est conferué à l'exclufion de la
nouuelle. C'est vn grand auantage
pour gaigner la bonne volonté des
peuples, & donner de la terreur à
fes ennemis que de fçauoir vfer dou-
cement de la victoire, & d'auoir le
foin d'eftablir le feruice de Dieu,
car les hommes fe rangent pluftoft à
leur deuoir quand on les y conduit
par l'vfage de la clemence & par l'exercice de la religion, que quand on les
veut forcer par la crainte & par la
violance des armes, la douceur a cela
de propre qu'elle fert d'amorce pour
attirer les efprits, aufli Monfieur le
Marquis de Cœuures s'en eft vtile-
ment feruy en toutes occafions, &
n'a pas efté deceu en l'efperance qu'il
auoit qu'elle feroit reüffir fes entreprifes. Car apres la reduction du
chafteau

chafteaü de Tirano il attaque la ville
Sondrio, laquelle ayant demandé
mefme capitulation que celle qui a-
uoit efté offerte & accordee à Tirano, eft depuis contrainĉte de fe def-
fendre par la garnifon fuiuant l'ordre & le commandement qu'elle reçoit du Marquis de Bagny. Cefte re-
fiftance oblige Monfieur le Marquis
de Cœuures de faire poinĉter fon artillerie contre les murs de la ville, les
ennemis font des forties qui font
vaillamment repouffees auec grande
perte de leur cofté : & en fin les mu-
railles ayant efté quelque temps bat-
tuës, quoy qu'elles fuffent deffen-
duës par de bonnes fortifications,
tant anciennes que nouuelles, & par
vn grand nombre de foldats qui les
gardoient : elles tombent auec la ville en la puiffance des François, lefquels fuiuans la poinĉte de leur vi-

ctoire, prennét auſſi toſt le chaſteau & le mettent au pillage : mais l'arri-uee de Monſieur le Marquis de Cœu-ures empeſche le carnage , & faict accorder au Pape & au Marquis de Bagny la liberté & la vie du Capi-taine & des gens de guerre qui e-ſtoient dans la place, meſmes on leur rend l'eſtendart du Pape qui a-uoiteſté pris auec la ville on leur per-met de ſortir bagues ſauues & de ſe retireren lieu de ſeureté, & finalement par vne action propre aux François & digne du Roy Louys le Iuſte , on les traitte auec toute ſorte de dou-ceur , & encores que les Eſpagnols aſſeuraſſent publiquement que le Pa-pe portoit toutes les inclinations de leur coſté, & qu'il n'auoit aucune af-fection pour la France, neantmoins le Roy tres-Chreſtien, & les François, quoy qu'il ſoit aduenu, ſont touſiours demeurez fermes en l'honneur & au respect qui est deu au sainct Siege, Morbine reçoit les mesmes conditions de paix que Sondrio, & en fin le Roy restablist la tranquilité publicque & asseure sa reputation en cette Prouince, y failant gouster les douceurs de la paix, Monsieur le Marquis de Cœuure ayant recouuert la Valteline entre dans le Comté de Chiauenne qui est en la protection de la couronne de France, estimant qu'il n'y trouueroit que l'obeyssance, mais les Espagnols se saisissent des fauxbours de la ville, pour faire retirer honteusement les François, Monsieur le Marquis de Cœuure voyant cela tourne contr'eux ses pensees & ses armes qui sont arrestees par la difficulté des chemins d'entre le lac & les montagnes, lesquels se treuuent tous rompus, & par l'incommodité du temps qui ne permet pas de faire vn fiege, ainfi il fait hiuerner vne partie de fes trouppes deuers Sondrio, Tirano & autres lieux proches & circonuoifins, pendant que l'on trauaille à redreffer les chemins & deftine le refte de fon armee pour reduire le Comté de Bormio, & pour repouffer les forties des gens de guerre qui eftoiét en garnifon dans le chafteau, fes trouppes s'aduancent deuers Bormio & incontinant quelles y font arriuées, elles luy mandent qu'il ayt à s'approcher il ne pert point de temps, & furmontant toutes les difficultez des chemins, il vient en fon camp & fait paffer fon artillerie par les plus hautes montagnes auec eftonnement de tout le monde, alors les gens de guerre & les habitans voyans le peril qui les menaçoit, effrayez de la valleur d'vn fi grand Capitaine commen-

çant à tenir leurs affaires pour deſeſ-
perées, & comme dans le trouble qui
les accable , ils ne ſçauent quel party
ils doiuent prendre , ils ſe reſoluent en
fin de ſe rendre auec le chaſteau, quoy
qu'il fuſt bien fort & bien muny pendant le plus mauuais téps de l'Hiuer,
cela fait Monſieur le Marquis de
Cœuure attaque & prend la ville de
Chiauenne , reſtoit la fortereſſe qui
eſtoit pleine de munitions de guerre,
les aſſiegez font diuerſes ſorties, mais
elles ſont ſi courageuſement repouſ-
ſées que leur audace commence à s'a-
lentir, en meſme temps Monſieur le
Marquis de Cœuure fait approcher
de la place ſon artillerie , & la fait
monter contre l'aduis & l'attente de
tout le monde par la haute monta-
gne de Bormio, & par des Roches &
lieux inacceſſibles, alors les aſſiegez
admirant vne execution ſi glorieuſe

& fi extraordinaire apres auoir rendu
diuers combats & fouffert quelques
volees de Canon font leur capitulation, Monfieur le Marquis de Cœuure eftât maiftre de la fortereffe traitte fauorablement les habitans qui
eftoient dedans, parce qu'ils auoient
pris pour leur deffenfe des foldats Italiens qui receuoient la folde du Pape,
& en leur confideration il pardonne
aux Efpagnols, Or toutes ces villes &
ces places ayant efté reduittes en la
puiffance du Roy tres-Chreftien qua-
fi en vn mefme temps, Riue qui eft
vne ville voifine & ennemie s'efforce
d'incommoder par diuerfes courfes
l'armée françoife, elle eftoit gardée
par vne forte garnifon d'Efpagnols, &
mefmes toutes chofes fembloient
confpirer à fa defenfe parce que les approches en font difficiles, & que le
mauuais temps oftoit le moyen de

l'aſſieger , neantmoins les François
mettent le ſiege deuant, auſſi-toſt diuerſes trouppes acourét à ſon ſecours
qui augmentent le nombre des ennemis, & entre les aſſiegeans & les aſſiegez ſe rendent diuers combats ou
quantité de braues courages ſignalent
leur valeur, l'hiſtoire doit dóner leurs
noms à la poſterité , mais ie les paſſe,
d'autant que mon ſujet m'appelle ail-
leurs, en tous ces combats Monſieur
le marquis de Cœuure eſt quaſi touſiours demeuré victorieux , & c'eſt
choſe remarquable que les ennemys
y ont perdu grand nombre de ſoldats & les François fort peu en ce meſme temps monſieur le Duc de l'Eſdi-
gueres Conneſtable , & Monſieur de
Crequy Mareſchal de France ayant
aſſemblé par le commandement du
Roy vne armée plus conſiderable par
la valeur que par le nombre des gens

de guerre, dont elle eſtoit compoſée, ils ſe ioignent auec le Sereniſſime Duc de Sauoye & ſes enfans, à fin de les aſſiſter en la guerre qu'ils faiſoient aux Genois pour le differend de la Seigneurie de Zuccarella que la republique de Gennes leur a iniuſtement vſurpée, expedition glorieuſe en laquelle ils ont rendu des teſmoignages d'vne valeur inſigne, & ont fait des actions digne de memoire, les Eſpagnols effrayez de ce ſecours & eſtonnez du courage inuincible tãt des Capitaines que des ſoldats François ſupplient inſtamment le Pape d'enuoyer vn Legat en France, afin d'arreſter le cours & les progrez heureux que font les armes du Roy en la Valteline, & dans les terres des Genois, Monſieur de Bethune fait office aupres de ſa Sainĉteté par le commandement de ſa Majeſté pour empeſcher cette

legation

legation , & remonſtre que comme les Eſpagnols en ſont les autheurs, il eſt impoſſible qu'il en arriue aucun bien , parce que tout le monde reco-gnoiſt qu'elle eſt entrepriſe en leur có-ſideration & pour leur faire plaiſir. Toutesfois le Pape ne laiſſe pas d'en-uoyer en France l'illuſtriſſime Cardi-nal Barberin ſon nepueu lumiere de l'Italie, & l'ornement du Clergé, le-quel faict ſon entrée ſolennellement à Paris, & y eſt receu auec des hon-neurs & des ceremonies conuenables à ſa dignité. Il propoſe au Roy tres-Chreſtien qu'il abandonne la prote-ction des Griſons & de la Valteline, & que Monſieur le Marquis de Cœu-ure apres l'auoir repriſe par la force des armes, la remette entre les mains du Pape auant que l'on entre en aucun traicté : Mais outre que le Roy euſt trop engagé ſou honneur s'il euſt ac-

cordé vne demande si desraisonnable,
il eust ouuert aux Espagnols & à l'Archiduc d'Austriche les passages des Alpes à son prejudice, il eust fermé tant
à luy qu'à ses alliez, vn chemin facile
& commode pour entrer en Italie, &
eust honteusement abandonné les
peuples qui se sont mis en sa protection. C'est pourquoy il respond à la
proposition de Monsieur le Legat,
qu'il ne peut luy accorder ce qu'il demande : & neantmoins qu'il veut assembler son Conseil, & y appeller les
principaux Ministres de son Estat, &
les premiers officiers de ses Cours sou-
ueraines pour prendre leur aduis sur
vn affaire de si grande importance, &
qu'au premier iour il luy fera sçauoir
plus au long sa resolution, & incon-
tinent apres mettra en execution ce
qui sera aduisé à propos pour le bien
de la Chrestienté & pour la tranquil-

lité publicque. C'eſt le proceddé que garde ce Prince au gouuernement de ſon Eſtat, aux grandes affaires il prend les deliberations de ſon Conſeil, aux choſes preſſantes il employe la diligence, & aux difficiles il ſe ſert heureuſement de ſa valeur & de la grandeur de ſon courage. Côme les affaires eſtoiét en ceſt eſtat, le Legat du Pape par l'artifice des Eſpagnols ſe retire de la Cour contre l'intention du Roy, & par vne precipitation ineſperee, cependant ſe tient l'aſſemblee des Princes, Miniſtres de l'Eſtat & premiers Officiers de France, en laquelle aſſiſte la Royne mere de ſa Maieſté tres grande & tres-auguſte Princeſſe, & Monſieur ſon frere Prince tres illuſtre & tres-genereux. Le Roy auec vne action pleine de vigueur & de Maieſté propoſe en peu de mots le ſubiect pour lequel il auoit faict ceſte conuo-

cation. Monſieur le Chancelier prenant apres la parole touche plus au
long tout ce qui a eſté dict cy-deſſus
ſur le faict de la Valteline auec vne ſi
grande politeſſe de langage & vne force de iugement accompagnee d'vne
memoire ſi heureuſe qu'il paroiſt
bien que ceſt homme eſtoit nay pour
manier les grandes affaires, & pour
conſeiller les Roys, il monſtre que les
Eſpagnols ont violé tous les traictez,
& que la Valteline ayant eſté miſe en
depoſt entre les mains du Pape, pour
vn peu de temps, par les longueurs
que les Eſpagnols ont recerchées. Sa
Saincteté n'a aucunement donné ordre à la liberté de ceſte Prouince, quoy
qu'elle ſoit longuement demeurée en
ſa poſſeſſion, depuis que le temps du
depoſt eſt expiré: apres celà, le Roy
ayant conuié chacun de dire ſon aduis
auec liberté ſans garder aucun ordre.

Monſieur le Mareſchal de Schom-
berg, pour donner preuue de ſon courage & de ſa fidelité, dit auec vne viue
poincte d'eloquence, que l'honneur
de la Majeſté Royalle, la ſeureté de la
France, & la liberté d'Italie, auoient
obligé le Roy de ſecourir le miſerable
Eſtat de la Valteline, & de proteger
les Griſons ſes alliez en leur neceſſité:
que ce n'eſt pas ſans ſubiet que ſa Majeſté à faict ceſte aſſemblée, qu'elle a
eſté conuoquée autrefois, & nouuellement ſoubz le regne du Roy Henry
le Grand, & ſoubz l'heureuſe Regen-
ce de la Royne mere, lors qu'il a eſté
beſoing de donner ordre à quelque
choſe d'important, que ce qui ſe pre-
ſente auiourd'huy a beaucoup de rap-
port & de conformité auec l'Eſtat, des
affaires pour leſquelles pareilles aſſem-
blées ont eſté tenuës, & que ce qui ſe
traicte en celle-cy eſt de ſi grãd poids

que toute l'Europe attend à prendre
party, felon les refolutions qui y ferót
prifes, que fi l'on abandonne la Valteline à l'ambition des Efpagnols, il
eft à craindre qu'ils ne fe liguent auec
les alliez du Roy, & auec les Princes
& Republicque, dont les forces join-
ctes à celles des François, ont autrefois fi fouuét abbatu la puiffance d'Efpagne & d'Auftriche, que Monfieur
le Legat à declaré ouuertement qu'il
n'auoit charge de traicter d'aucunes
affaires qu'auparauant le Roy n'euft
remis entre les mains du Pape pure-
ment & fimplement & fans aucune
condition tous les Forts de la Valteline, ce qui n'eft autre chofe que vou-
loir defpoüiller par force & violence
les Grifons de leur bien, pour vfurper
le droict, en prenant la poffeffion : &
par ce moyen rendre fans effet tous les
traictez qui pourroient fuiure cefte

reſtitution que le Roy ne peut ſans honte rendre toutes les places qu'il a priſes auec tant de peine, de deſpen-ſe, de bon-heur & de gloire, qu'au-parauant la paix ne ſoit bien eſtablie: que toute l'Italie eſtant maintenant en armes, le Roy feroit péſer qu'il au-roit de la deffiance de ſes forces, ſi a-yant l'eſtat des Griſons & de la Valte-line en ſa diſpoſition, il le remettoit par imprudence ou par timidité en la puiſſance de ſes ennemis, que cela ne peut arriuer ſans vne trop grande di-minution de ſa dignité & de ſa repu-tatió. Parce que ſi le Roy rend au Pa-pe les forts de la Valteline auant que la paix ſoit faicte : quoy que ſa Sain-cteté y ſoit portee, les Eſpagnols ont aſſez d'artifices pour en diuertir ſon eſprit, & pour rompre par leurs lon-gueurs ordinaires toutes les negotia-tions qui ſe ferót ſur ce ſubject, com-

me ils ont defia praticqué en l'execution du traiéte de Madrit, foubz l'ef-
fperance qu'ils auront d'obtenir da-
uantage par ce moyen, ou de faire
chãger quelque chofe au traiéte, que
cependant leRoy & fes alliez demeu-
reront defpoüillez de ce qui leur appartient. par la fraude & la mauuaife
foy des Efpagnols, lefquels voyans le
Pape en poffeffion de la Valteline, la
tirerót de fes mains, ou en vertu de la
loy du fequeftre, ou par la force ouuerte, ce qui couurira les Frãçois de
hóte & caufera la ruine entiere des
Valtelins que Mófieur le Legat n'a
point diffimulé que fa Sainéteté ne
vouloit entrer en aucun traiéte, fi les
Grifons ne fe refoluoiét de quitter la
Seigneurie de la Valteline, & qu'il ne
leur peut arriuer vn mal-heur plus
féfible que d'eftre obligez de renon-
cer volontairement à leur droiét, en

faueur

faueur des Eſpagnols, qu'il n'importe
aux Griſons de quelle façon ils per-
dent leur Eſtat, ſi c'eſt par la force des
armes, ou par accommodation, ou
par l'entremiſe de leurs alliez, & qu'il
ne ſe trouuerra plus perſonne qui ſe
vueille mettre en la protection de la
Couronne de France, ſi le Roy par vn
conſentement plein d'Iniuſtice & de
honte, laiſſe deſpoüiller ſes amis de
leur bien ſans ſe remuër, & partant il
ſouſtient que Monſieur le Legat n'a-
yant rien voulu relaſcher de la rigueur
de ſa demande, il y a lieu de la rejetter
entierement, & que la paix qu'il propoſe ſe trouuerra touſiours plus preju-
diciable que la guerre, parce que la
guerre ſoubzmet les affaires à vn dou-
teux euenement, & au contraire ceſte
paix honteuſe & iniuſte rauit aux alliez du Roy ce qui leur appartient, &
faict perdre à ſa Majeſte ſon honneur

& sa reputation, tous ceux qui estoiét en l'assemblée suiuent cét aduis, & principalement Monsieur le Cardinal de Richelieu, dont les rares qualitez sont au dessus de toute loüange, qui possede tout seul les perfectiós de tous hommes ensemble, & qu'vne vertu eminente a esleué à ce haut degré d'honneur : car le Roy luy ayant demandé quel estoit son sentiment apres auoir parlé fort honnorablement du sainct Siege, & à la recommandation de la paix, il tesmoigne qu'il est vrayement François, & qu'il n'affectionne rien tant que le seruice de sa Majesté, & la dignité de sa Patrie, il remonstre que si le Roy accorde au Roy d'Espagne les conditions injustes qu'il demande, il exposera son nom à la honte & a l'infamie, & propose qu'vne guerre iuste sera plus vtile & honorable à sa Majesté &

à son Eſtat, qu'vne paix ſi pleine d'i-
gnominie & de diffamation, ce qu'il
exprime auec de ſi belles pointes d'eſprit, auec vne ſi douce eloquence, &
auec vn iugement ſi ſolide que tout le
monde luy en donne vne loüange infinie. Apres celà Meſſire Nicolas de
Verdun, premier Preſident du Parle-
ment, l'honneur de ceſte Auguſte
Cour, parlant au nom de tous les or-
dres, loüe auec vn iugemét admirable
& vne excellente pureté de langage la
reſolution du Roy & de Meſſieurs ſes
Miniſtres, & dit que leurs aduis ſerót
touſiours approuuez & ſuiuis par tous
les ſubiects de ſa Maieſté. Monſieur le
Cardinal de la Valette & Monſieur le
Mareſchal de Baſſompierre repreſentent en ſuitte & veritablement
tout ce qui s'eſt faict en ceſt
affaire, tant à Rome qu'en Eſpagne: Et en ſomme il n'y a perſonne en

cefte affemblee qui ne cõfeille au Roy d'ébraffer la protectiõ de la Valteline, & de reietter les propofitiõs de Monfieur le Legat, qui fembloient par trop fauorifer les entreprifes du Roy d'Efpagne. Cependant les Efpagnols prenans leur aduantage en vn temps auquel tous actes d'hoftilité deuoient ceffer, furprennent vne forterefte, qui auparauant auoit efté emportee fur eux par force, eftimát qu'il ne falloit point negliger l'occafion que la fortune leur presétoit de faire leurs affaires pluftoft par la fraude que par la valeur: mais le Roy ne pouuant fouffrir cette perfidie, commande à Monfieur le Marquis de Cœuure, qu'affemblant ce qu'il pourroit de fes trouppes, il reprenne à force ouuerte à la mode des François cefte place que les Efpagnols auoient prife à leur ordinaire

par fraude & par trahiſon: Móſieur
le Marquis de Cœuures execute ce
qui luy eſt commandé, auec grande
perte des ennemys, & porte les Ban-
nieres de France victorieuſes bien
pardelà la Valteline & la fortereſſe
qui auoit eſté ſurpriſe. C'eſt paſſer
le cours ordinaire de la felicité hu-
maine, que de faire reüſſir deux diuerſes fois vne meſme entrepriſe &
ſans perdre aucune occaſion reprendre coura geuſemét ce qui auoit eſté
acquis vaillamment &perdu par trahiſon. Et c'eſt choſe qui n'eſt pas
moins à admirer, que le ſoldat ait
eſté ſi patient en ce ſiege, où il auoit
affaire à vne place quaſi imprenable,
à vne forte garniſon, à vne puiſſan-
te armee ennemie aux iniures de
l'air & aux incommoditez des eaux
& de la pluye:mais le ſoing que Meſſieurs de Champigny & de Marril-

lac furintédans des finances de France, ont toufiours eu de faire bien
payer les gens de guerre, releuoit
leur conftance, addouciffoit leurs
peines, & leur donnoit du courage.
La plus grande partie des hómes ne
fe plainct point du trauail quád elle
voit reüffir ce qu'elle entreprend, &
les commencemens (quoy qu'ils
foient fafcheux à fupporter) n'ont
rien de penible lors que le mal que
l'on endure, faict efperer vn plus
grand bien. Pendant que les armes
de France font ces progrés, le Roy
enuoye en Suiffe Monfieur le Marefchal de Baffompierre, qui par fa
prudence & par l'addreffe de fon efprit fçait fi bien gouuerner cefte na-
tion, qu'il faict renouueller fon an-
cienne alliance auec la Couronne de
France, & rompre les ligues qu'elle
auoit contracté auec les autres Prin-

ces, vniſſant les Suiſſes & les Griſons
auec la France d'vn lien ſi eſtroict,
qu'il oblige ces deux nations de re-
cognoiſtre publiquemét l'affection
de la Maieſté, & les bons offices de
Meſſieurs ſes Miniſtres en leur en-
droict, & de loüer hautement les
exploicts qui ont eſté faicts en la Val
teline ſoubs l'authorité de ſo nom.
Dieu qui ſe plaiſt aux choſes iuſtes
puiſſe touſiours eſtre preſent aux
conſeils, & fauoriſer les armes de
noſtre Roy tres-Chreſtien que le
ſainct & auguſte nom de L O V I S L E
I V S T E puiſſe par ſa prouidéce, apres
auoir acquis la paix, & aſſeuré la liberté en la Chreſtienté, eſtre conſa-
cré à l'eternité & que la noble & heureuſe lignee de Henry le Grand, digne de l'Empire de tout le monde,
puiſſe ſelon les vœux de tous les gens
de bien & le commun conſentement

de tous les peuples, chargee de triom-
phes & de lauriers, porter ſes loix
par toute la terre.

FIN.